ENGLISH/MANDARIN

The TODDLER'S handbOOk

with over 100 Words
that every kid should know

By Dayna Martin

英语 / 普通話

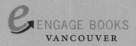

ENGAGE BOOKS
VANCOUVER

1

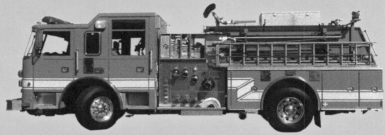

SECOND EDITION / FIRST PRINTING

e ENGAGE BOOKS

Mailing address
PO BOX 4608
Main Station Terminal
349 West Georgia Street
Vancouver, BC
Canada, V6B 4A1

www.engagebooks.ca

Written & compiled by: Dayna Martin
Edited & translated by: A.R. Roumanis
Proofread by: Kelvin Pan,
Pei Jun Cao (Mandy Shunzi) 操佩君
and Natalie Ma 马静如
Designed by: A.R. Roumanis
Photos supplied by: Shutterstock
Photo on page 47 by: Faye Cornish

LIBRARY AND ARCHIVES CANADA CATALOGUING IN PUBLICATION

Martin, Dayna, 1983–, author
    The toddler's handbook: with over 100 words that every kid should know : English/Mandarin = Ying yu/Pu tong hua / by Dayna Martin.

Issued in print and electronic formats.
Text in English and Chinese.
ISBN 978-1-77226-281-0 (bound). –
ISBN 978-1-77226-280-3 (paperback). –
ISBN 978-1-77226-282-7 (pdf). –
ISBN 978-1-77226-283-4 (epub). –
ISBN 978-1-77226-284-1 (kindle)

1. Chinese language – Vocabulary – Juvenile literature.
2. Vocabulary – Juvenile literature.
I. Martin, Dayna, 1983– . Toddler's handbook.
II. Martin, Dayna, 1983– . Toddler's handbook. Chinese.
III. Title.

PL1271.M37 2016   J495.1'81   C2016-904435-1
                                        C2016-904436-X

2

字母
Zìmǔ
4
ABCs

数字
Shùzì
11
Numbers

颜色
Yánsè
14
Colors

相反
Xiāngfǎn
16
Opposites

形状
Xíngzhuàng
22
Shapes

声音
Shēngyīn
24
Sounds

活动
Huódòng
28
Actions

情感
Qínggǎn
30
Emotions

体育
Tǐyù
32
Sports

机车
Jīchē
34
Engines

尺寸
Chǐcùn
36
Sizes

身体
Shēntǐ
38
Body

餐具
Cānjù
40
ableware

衣服
Yīfú
42
Clothes

洗澡时间
Xǐzǎo shíjiān
44
Bath Time

就寝时间
Jiùqǐn shíjiān
Bed
Time
45

3

鳄鱼
Èyú

Aa

Alligator

熊
Xióng

Bb

Bear

4

猫
Māo

Cc

Cat

狗
Gǒu

Dd

Dog

狐狸
Húlí

Ff

Fox

象
Xiàng

Ee

Elephant

山羊
Shānyáng

Gg

Goat 5

Hh

马
Mǎ

Horse

Ii

鬣蜥
Liè xī

Iguana

Jj

美洲豹
Měizhōu bào

Jaguar

考拉
Kǎo lā

Kk

Koala

狮子
Shīzi

Ll

Lion

老鼠
Lǎoshǔ

Mm

Mouse

蝾螈
Róng yuán

Nn

Newt 7

水獺
Shuǐ tǎ

Oo

Otter

猪
Zhū

Pp

Pig

鵪鶉
Ān chún

Qq

Quail

兔子
Tùzǐ

Rr

Rabbit

海豹
Hǎibào

S s

Seal

虎
Hǔ

T t

Tiger

秃猴
Tū hóu

U u

Uakari

秃鹰
Tūyīng

V v

Vulture 9

黄鼠狼
Huángshǔláng

Ww

Weasel

X 射线鱼
X shèxiàn yú

Xx

X-ray fish

牦牛
Máo niú

Yy

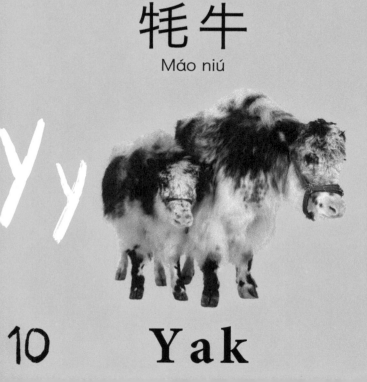

10 **Yak**

斑馬
Bān mǎ

Zz

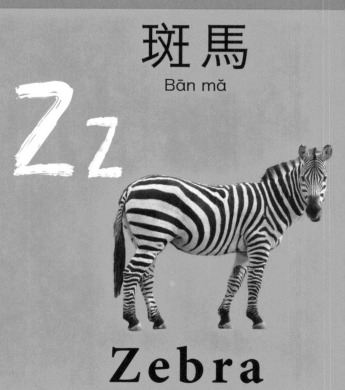

Zebra

苹果
Píng guǒ

一
Yī

1
One

Apple

饼干
Bǐnggān

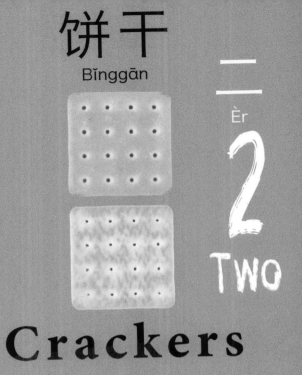

二
Èr

2
Two

Crackers

西瓜片
Xī guā piàn

三
Sān

3
Three

Watermelon slices

11

草莓
Cǎoméi

四
Sì

4

Four

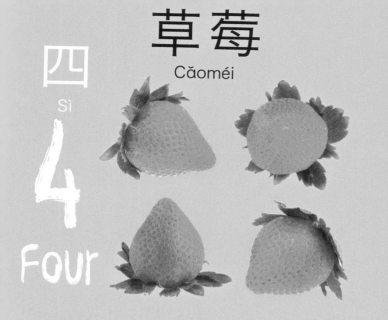

Strawberries

胡萝卜
Hú luó bo

五
Wǔ

5

Five

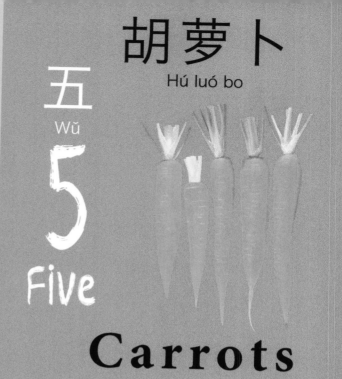

Carrots

番茄
Fān qié

六
Liù

6

Six

Tomatoes

南瓜
Nán guā

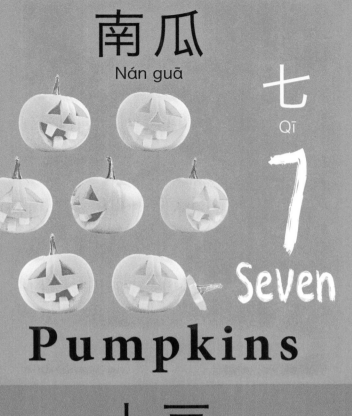

七
Qī

7
Seven

Pumpkins

水果片
Shuǐ guǒ piàn

八
Bā

8
Eight

Fruit slices

土豆
Tǔ dòu

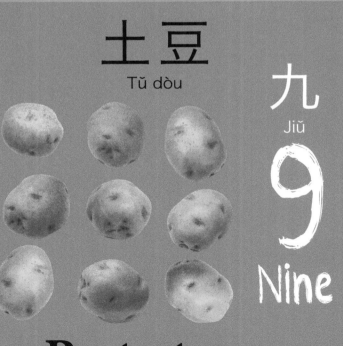

九
Jiǔ

9
Nine

Potatoes

饼干
Bǐng gān

十
Shí

10
Ten

Cookies 13

彩虹
Căi hóng

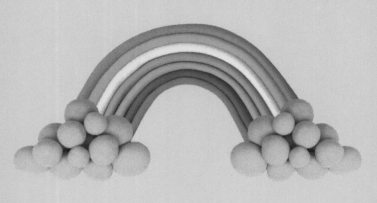

Rainbow

红色
Hóng sè

Red

橙色
Chéng sè

14 **Orange**

黄色
Huáng sè

Yellow

绿色
Lǜ sè

Green

蓝色
Lán sè

Blue

靛青
Diàn qīng

Indigo

紫色
Zǐ sè

Violet 15

上
Shàng

Up

下
Xià

Down

里
Lǐ

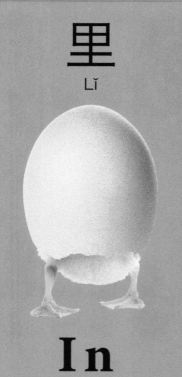

In

外
Wài

Out

16

热
Rè

Hot

冷
Lěng

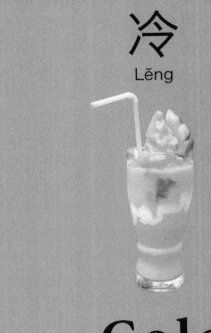

Cold

湿
Shī

Wet

干
gān

Dry 17

前面
Qián miàn

Front

后面
Hòu miàn

Back

开
Kāi

On

关
Guān

Off

18

打开
Dǎ kāi

Open

关闭
Guān bì

Closed

空
Kōng

Empty

满
Mǎn

Full

19

安全
Ān quán

Safe

危险
Wēi xiǎn

Dangerous

大
Dà

Big

小
Xiǎo

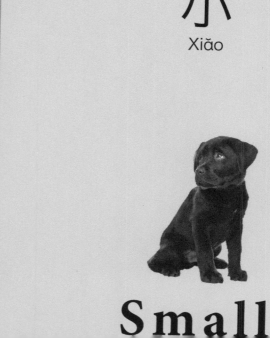

Small

睡着
Shuì zháo

Asleep

苏醒
Sū xǐng

Awake

长
Cháng

Long

短
Duǎn

Short 21

圆
Yuán

Circle

方
Fāng

Square

三角形
Sān jiǎo xíng

22 Triangle

长方形
Cháng fāng xíng

Rectangle

菱形
Líng xíng

Diamond

星
Xīng

Star

椭圆
Tuǒ yuán

Oval

心
Xīn

Heart 23

喷嚏
Pēn tì

阿嚏
ā tì

Ah-choo

Sneeze

鸭
Yā

呱呱
gua, gua

Quack

Duck

牛
Niú

哞
mōu

Moo

24 # Cow

电话
Diàn huà

铃铃铃
líng líng líng

Rin

Phone

猴
Hóu

猴
hóu hóu

Ooh-ooh-ahh-ahh

Monkey

青蛙
Qīng wā

呱呱
guā guā

Ribbit

Frog

嘘
Xū

嘘
xū

Shh

Hush

25

公鸡
Gōng jī

窝窝
wōwō

Cock-a-doodle-doo

Rooster

鼓
Gŭ

咚
Dōng

Boom

Drums

蛇
Shé

嘶 嘶
SĪ SĪ

Hiss

Snake

猫头鹰
Māo tóu yīng

呼
hu

Hoot

Owl

大黄蜂
Dà huáng fēn

嗡嗡
wēng wēng

Buzz

Bumblebee

手
Shǒu

拍
Pāi

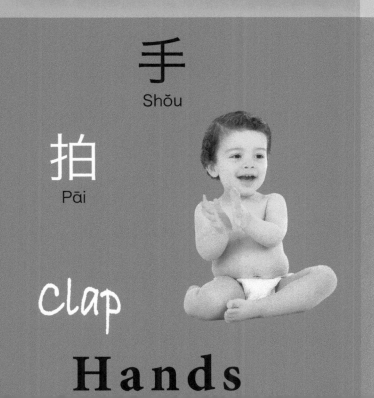

Clap

Hands

羊
Yáng

咩
miē

Baa

Lamb 27

爬
Pá

Crawl

滚
Gǔn

Roll

走
Zǒu

Walk

跑
Pǎo

Run

单脚跳

Dān jiǎo tiào

Hop

骑

Qí

Ride

吻

Wěn

Kiss

跳

Tiào

Jump

29

快乐
Kuài lè

Happy

伤心
Shāng xīn

Sad

愤怒
Fèn nù

Angry

害怕
Hài pà

Scared

懊恼
Ào nǎo

Frustration

惊喜
Jīng xǐ

Surprise

震惊
Zhèn jīng

Shock

勇敢
Yǒng gǎn

Brave 31

棒球
Bàng qiú

Baseball

篮球
Lán qiú

Basketball

网球
Wăng qiú

32 # Tennis

足球
Zú qiú

Soccer

羽毛球
Yǔ máo qiú

Badminton

橄榄球
Gǎn lǎn qiú

Football

排球
Pái qiú

Volleyball

高尔夫球
Gāo' ěr fū qiú

Golf

消防车
Xiāo fáng chē

Fire truck

汽车
Qì chē

卡车
Kǎ chē

34 **Car**

Truck

直升机
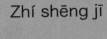
Zhí shēng jī

Helicopter

飞机

Fēi jī

Airplane

火车
Huǒ chē

Train

船
Chuán

Boat 35

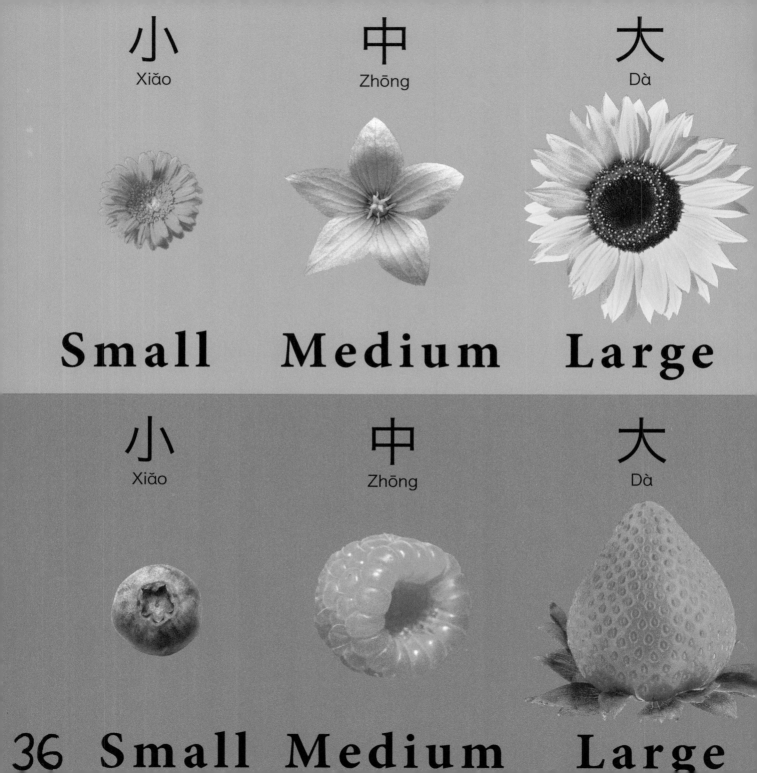

小
Xiǎo

中
Zhōng

大
Dà

Small　**Medium**　**Large**

小
Xiǎo

中
Zhōng

大
Dà

36 **Small**　**Medium**　**Large**

大 Dà	中 Zhōng	小 Xiǎo
Large	**Medium**	**Small**

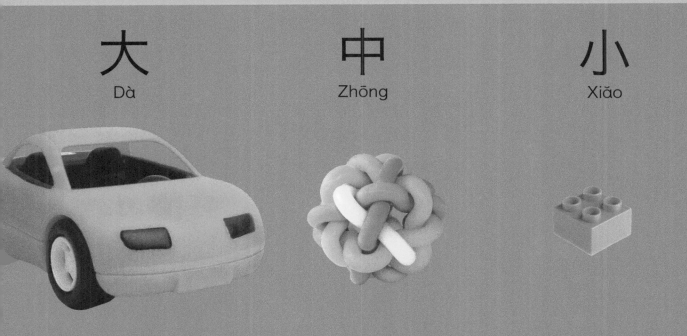

大 Dà	中 Zhōng	小 Xiǎo
Large	**Medium**	**Small**

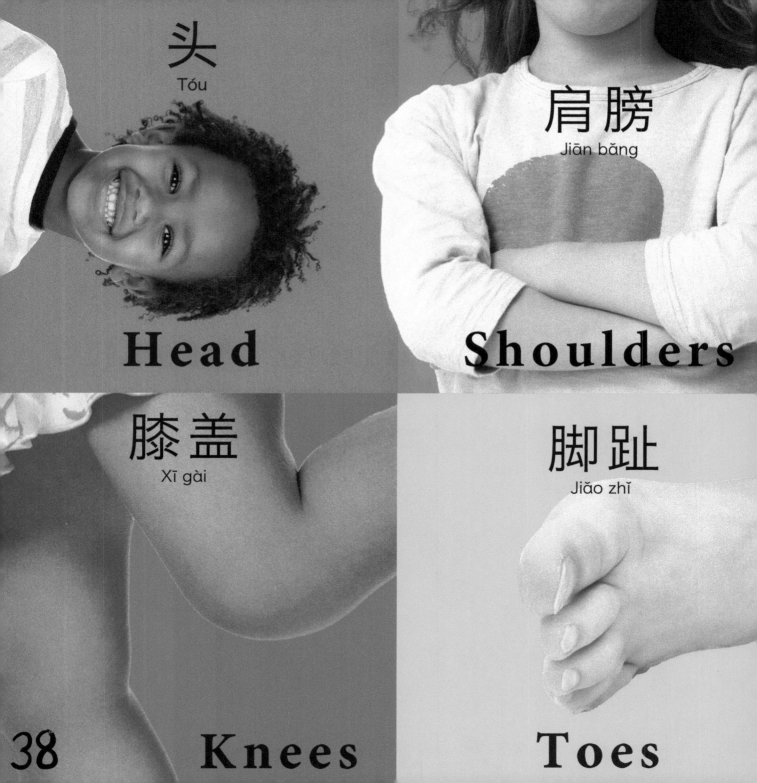

头
Tóu

Head

肩膀
Jiān bǎng

Shoulders

膝盖
Xī gài

38 **Knees**

脚趾
Jiǎo zhǐ

Toes

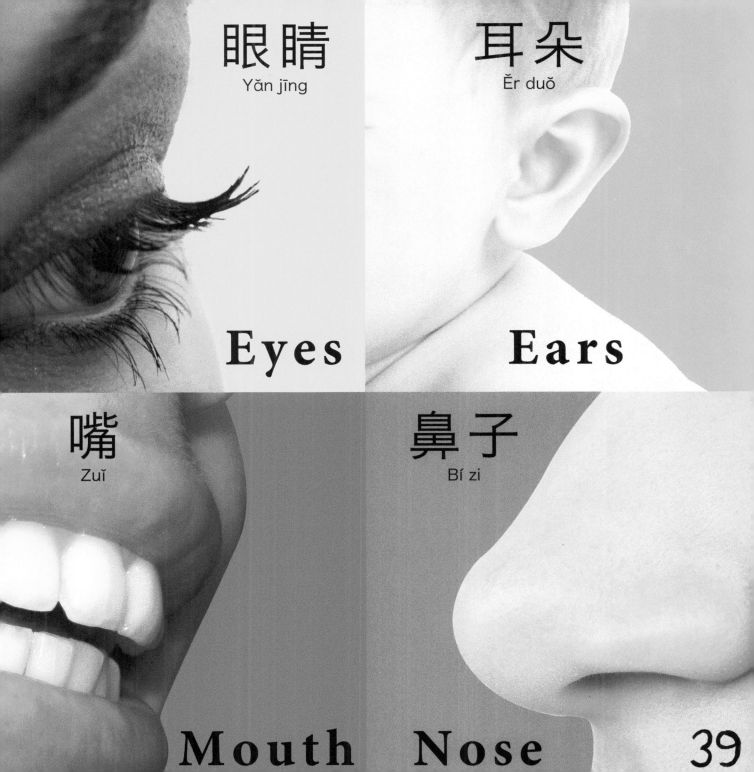

眼睛
Yǎn jīng

Eyes

耳朵
Ěr duǒ

Ears

嘴
Zuǐ

Mouth

鼻子
Bí zi

Nose

39

吸杯
Xī bēi

Sippy cup

碗
Wăn

Bowl

锅
Guō

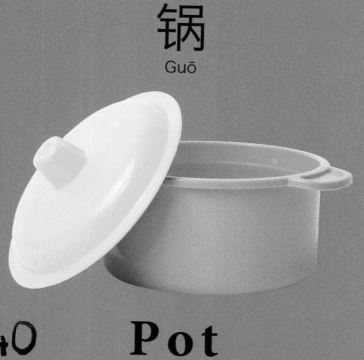

Pot

杯子
Bēi zi

Cup

盘子
Pán zi

Plate

叉子
Chā zi

Fork

刀
Dāo

Knife

勺
Sháo

Spoon 41

帽子
Mào zi

Hat

衬衫
Chèn shān

Shirt

裤子
Kù zi

42 **Pants**

短裤
Duǎn kù

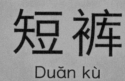

Shorts

手套
Shǒu tào

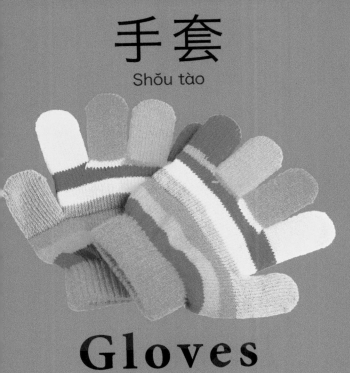

Gloves

太阳镜
Tài yáng jìng

Sunglasses

袜子
Wà zi

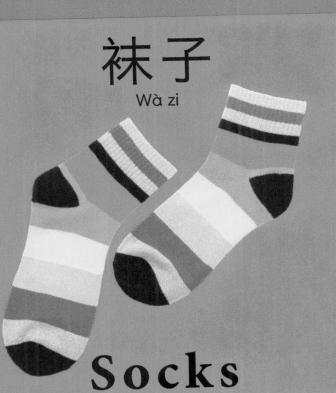

Socks

鞋
Xié

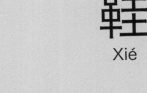

Shoes 43

洗澡時間
Xǐ zǎo shí jiān

沐浴
Mù yù

Bath time

Bath

肥皂
Féi zào

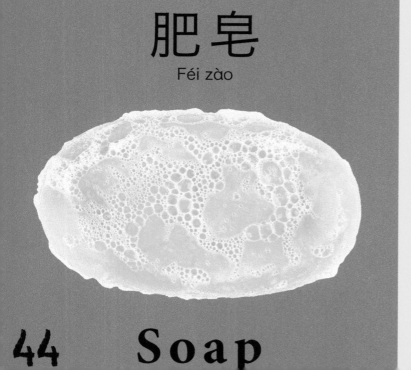

橡皮鴨
Xiàng pí yā

Soap

Rubber duck

刷牙
Shuā yá

Brush teeth

就寝时间
Jiù qǐn shí jiān
Bed time

书
Shū

Book

便壶
Biàn hú

Potty

床
Chuáng

Bed 45

THE TODDLER'S handbOOk

activity / 活动
Huó dòng

Match the following to the pictures below.
Can you find **7 pumpkins**, a hooting owl,
a rainbow, a baseball, a lion, square blocks,
a sad boy, a helicopter, and shoes?

匹配以下到下面的图片。你能找到7个南瓜，一只在叫的猫头鹰，
Pīpèi yǐxià dào xiàmiàn de túpiàn. Nǐ néng zhǎodào 7 gè nánguā, yī zhǐ zài jiào de māotóuyīng,

彩虹，棒球，狮子，方块，一个悲伤的小男孩，一架直升机和鞋子？
Cǎihóng, bàngqiú, shīzi, fāngkuài, yīgè bēishāng de xiǎo nánhái, yī jià zhíshēngjī hé xiézi?

直升机
Zhí shēng jī
helicopter

鞋
Xié
shoes

在叫的猫头鹰
zài jiào de māo tóu yīng
hooting owl

棒球
Bàng qiú
baseball

7南瓜
7 Nán guā
7 pumpkins

悲伤的小男孩
Shāng xīn de nán hái
sad boy

狮子
Shī zǐ
lion

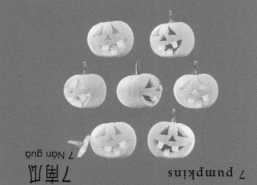

方块
Fāng kuài
square blocks

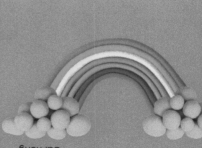

彩虹
Cǎi hóng
rainbow

46

About the Author

Dayna Martin is the mother of three young boys. When she finished writing *The Toddler's Handbook* her oldest son was 18 months old, and she had newborn twins. Following the successful launch of her first book, Dayna began work on *The Baby's Handbook, The Preschooler's Handbook*, and *The Kindergartener's Handbook*. The ideas in her books were inspired by her search to find better ways to teach her children. The concepts were vetted by numerous educators in different grade levels. Dayna is a stay-at-home mom, and is passionate about teaching her children in innovative ways. Her experiences have inspired her to create resources to help other families. With thousands of copies sold, her books have already become a staple learning source for many children around the world.

Translations

ENGLISH/SPANISH

ENGLISH/FRENCH

ENGLISH/GERMAN

ENGLISH/MANDARIN

ENGLISH/ITALIAN

ENGLISH/GREEK

and many more...

Looking for a different translation?
Contact us at: alexis@engagebooks.ca
with your ideas.

Show us how you enjoy your #handbook. Tweet a picture to @engagebooks for a chance to win free prizes.

CPSIA information can be obtained
at www.ICGtesting.com
Printed in the USA
LVHW071745050421
683466LV00012B/862

9 781772 262803